Michael Heinen-Anders
Freies Geistesleben und Wissenschaftstheorie(n)

Herstellung und Verlag: Books on Demand GmbH,
Norderstedt

ISBN **9783750435582**

Inhaltsverzeichnis

Die Ideen der französischen Revolution

Bereits in der Devise der französischen
Revolution: Freiheit, Gleichheit,
Brüderlichkeit klingt an, was als
Unbewusstes in den Ideen der sozialen
Bewegung lebt: die Dreigliederung des
sozialen Organismus. Spätestens seit den
1919 zuerst veröffentlichten
Untersuchungen Rudolf Steiners[1] kann die
soziale Dreigliederung als bewusste
Erkenntnispraxis gelten.
In dieser sind die Freiheit als Ziel des
Geisteslebens, die Gleichheit als Ziel des
politischen Rechtslebens und die
Brüderlichkeit als Ziel des
Wirtschaftslebens als
Gestaltungsprinzipien durchgeführt und
damit überhaupt auf eine konkrete
Grundlage gestellt worden, nämlich:
Selbstverwaltung für das Geistesleben,
Demokratie für das politische Rechtsleben

---

[1] Rudolf Steiner: Die Kernpunkte der sozialen Frage, Edition Rudolf
Steiner, Dornach 1996

und Assoziations-Sozialismus für das Wirtschaftsleben.

Die Methode Goethes als Wegweiser

Dies bedeutet nicht, der Wirklichkeit eine ausgedachte Utopie überzustülpen, sondern heißt Wesenserkenntnis ohnehin schon vorhandener Wirkungsweisen nach dem Gesetz von Polarität und Steigerung, das Goethe als maßgeblich für die Morphologie[2] erkannte: „...wir machen...auf eine höhere Maxime des Organismus aufmerksam, die wir folgendermaßen aussprechen. Jedes Lebendige ist kein Einzelnes, sondern eine Mehrheit,....Je unvollkommener das Geschöpf ist, desto mehr sind diese Teile einander gleich oder ähnlich und desto mehr gleichen sie dem Ganzen. Je vollkommener das Geschöpf wird, desto unähnlicher werden die Teile einander ....

---

[2] Vgl. Friedrich Hiebel: Goethe. Die Erhöhung des Menschen, Fischer TB, Frankfurt a. M. 1982, S. 205

Die Subordination der Teile deutet auf ein vollkommenes Geschöpf."[3]
Steiner bezieht diese Vorstellung unmittelbar auf den sozialen Organismus, indem er sagt: „Die Auseinanderspaltung ist eigentlich immer da; es handelt sich nur darum, dass man findet wie die drei Glieder zusammen gebracht werden können, so dass sie nun tatsächlich im sozialen Organismus mit einer solchen inneren Vernunft wirken, wie, sagen wir, das Nerven-Sinnes-System, das Herz-Lungen-System und das Stoffwechselsystem im menschlichen Organismus wirken".[4]
Hier und da sind derartige Gedanken (zu Teilbereichen) auch in der Gegenwart vertreten. Es käme darauf an, sich solcher Tendenzen bewusst zu werden und die

---

[3] Johann Wolfgang von Goethe: Schriften zur Naturwissenschaft, Reclam, Stuttgart 1977, S. 48 f.
[4] Rudolf Steiner: Nationalökonomischer Kurs, GA 340, Dornach b. Basel 1979, S. 154. Die im dreigliedrigen menschlichen Organismus unbewusst wirkende innere Vernunft ist Vorbild des gesunden sozialen Organismus.
Nur muss diese dort bewusst werden (vgl. Stefan Leber: Selbstverwirklichung, Mündigkeit, Sozialität, Fischer TB, Frankfurt am Main 1982, S. 55 ff).

wegweisenden Gedanken von irreführenden, fehlerhaften Ausgestaltungen zu befreien, um praktische Wirksamkeit entfalten zu können. So fern auch eine praktische Verwirklichung des Dreigliederungsgedankens für die Gesellschaft zur Zeit liegen mag, so nahe liegen die Möglichkeiten auf einzelnen Gebieten wegweisendes durchzuführen, um daran die Richtigkeit der Methode demonstrieren zu können und das in ihr wirkende Fruchtbare wie einen Hinweis auf sozialem Gebiet erscheinen zu lassen.

Freies Geistesleben und Wissenschaftstheorie(n)

Worum geht es? Um „das freie Geistesleben – die Idee also, dass sämtliche (…) Bereiche, in denen es um die Entwicklung menschlicher Fähigkeiten

geht, von Staat und Wirtschaft unabhängig sein und sich selbst verwalten sollen."[5]
„Ein gesundes Verhältnis zwischen Schule und sozialer Organisation besteht nur, wenn der letzteren immer die in ungehemmter Entwicklung herangebildeten neuen individuellen Menschheitsanlagen zugeführt werden. Das kann nur geschehen, wenn die Schule und das Erziehungswesen innerhalb des sozialen Organismus auf den Boden ihrer Selbstverwaltung gestellt werden."[6]
Unser Denken kann nur dann wirklich frei sein, wenn wir in unserer Erkenntnis frei sind.
Ein Geistesleben, welches sich wissenschaftlichen oder religiösen Dogmen unterordnet, muß zwangsläufig unfrei sein.

---

[5] Roland Kipke: Warum eigentlich freies Geistesleben? Eine Frage an die Idee der sozialen Dreigliederung. In: Anthroposophie. Vierteljahresschrift zur anthroposophischen Arbeit in Deutschland, Michaeli 2019, Nr. 289, S. 216 – 222 (hier: S. 216).
[6] Rudolf Steiner: Staatspolitik und Menschheitspolitik, Rudolf Steiner Verlag, Dornach 1988, S. 38

Aus der Dreigliederung des sozialen Organismus nach Rudolf Steiner wissen wir, dass dem Rechtsleben die Gleichheit, dem Wirtschaftsleben die Brüderlichkeit und schließlich dem Geistesleben die Freiheit zuzuordnen ist, gemäß der jakobinischen Devise der französischen Revolution von 1789[7] „Liberté, Egalité, Fraternité"!

Auch in der deutschen Staatsrechtstradition findet man noch Reste davon, wenn man z.B. die deutsche Nationalhymne einmal genauer betrachtet. Welche Theorie und Form von Wissenschaft ist also nötig im Rahmen eines Freien Geisteslebens? Es ist eine freie, undogmatische Wissenschaft. Der Freiheit korrespondiert aber der Anarchismus (= die Herrschaftslosigkeit). Gibt es eine solche Wissenschaftstheorie, die ja immer auch die Basis von praktischer Wissenschaft zu sein vorgibt,

---

[7] Vgl. Renate Riemeck: 1789 – Heroischer Aufbruch und Herrschaft des Schreckens, Urachhaus Vlg., Stuttgart 1988

welche wirklich frei und anarchistisch in obigem Sinne ist?

Ja, diese gibt es, und sie wurde formuliert von Paul Feyerabend.[8]

Wer war Paul Feyerabend?

„Paul Karl Feyerabend (* 13. Januar 1924 in Wien; † 11. Februar 1994 in Genolier im schweizerischen Waadtland) war ein österreichischer Philosoph und Wissenschaftstheoretiker. Er war von 1958 bis 1989 Philosophieprofessor an der Universität von Kalifornien in Berkeley und lebte zeitweilig in England, Deutschland, Neuseeland, Italien, zuletzt in der Schweiz, wo er als Hochschullehrer an der ETH Zürich tätig war.
Bekannt wurde Feyerabend durch seinen wissenschaftstheoretischen Anarchismus. Nach Feyerabend lassen sich keine universellen und ahistorischen

---

[8] Vgl. Paul Feyerabend: Erkenntnis für freie Menschen, Suhrkamp Vlg., Frankfurt a.M. 1979

wissenschaftlichen Methoden formulieren, produktive Wissenschaft müsse vielmehr Methoden nach Belieben verändern, einführen und aufgeben dürfen. Zudem gebe es keine allgemeinen Maßstäbe, mit denen man verschiedene wissenschaftliche Methoden oder Traditionen bewerten könne. Das Fehlen allgemeiner Bewertungsmaßstäbe führt Feyerabend zu einem philosophischen Relativismus, nach dem keine Theorie allgemein wahr oder falsch ist."[9]

Paul Feyerabends Bedeutung für die Anthroposophie

Entsprechend der Forderung nach völliger Freiheit (Anarchie) für das Freie Geistesleben in der Sozialen Dreigliederung Rudolf Steiners, erfüllt die Wissenschaftstheorie nach Paul Feyerabend eine wesentliche Anforderung der Anthroposophie, als Methode, an die Wissenschaftstheorie, indem mit der

---

[9] https://anthrowiki.at/Paul_Feyerabend

Anwendung dieser Methode des "Anything goes" ein Höchstmaß an Pluralismus innerhalb der Wissenschaften gewährleistet werden kann.

"Im Wissenschaftsbereich hat das Recht auf Pluralismus zu herrschen, im Rechtsbereich dagegen die Pflicht zum Pluralismus. Nur bei dieser Unterscheidung ist der (wissenschaftstheoretische) Pluralismus überhaupt lebensfähig."[10]

Eine Erweiterung erfuhr die Kritik Paul Feyerabends an der vorherrschenden Wissenschaftstheorie des „Kritischen Rationalismus" (Popper)[11] - auch benannt als „Falsifikationismus" - noch durch die Argumentation von Thomas Kuhn. Demnach lösen sich von Zeit zu Zeit jeweils vorherrschende Paradigmen der Wissenschaft durch neue Paradigmen ab, die sich allmählich etablieren. Das

---

[10] Helmut Kiene: Komplementärmedizin - Schulmedizin. Der Wissenschaftsstreit am Ende des 20. Jahrhunderts, Schattauer Vlg., Stuttgart/New York 1994, S. 153.
[11] Vgl. https://anthrowiki.at/Karl_Popper

geschieht alleine schon dadurch, dass der jeweilige Typus von Wissenschaftler immer irgendwann ausgestorben sein wird.

Wer war Thomas Kuhn?

„Thomas Samuel Kuhn (* 8. Juli 1922 in Cincinnati, Ohio; † 17. Juni 1996 in Cambridge, Massachusetts) war einer der bedeutensten Wissenschaftstheoretiker und Wissenschaftshistoriker des 20. Jahrhunderts.
Sein Hauptwerk «The Structure of Scientific Revolutions» (dt. Die Struktur wissenschaftlicher Revolutionen) beschreibt die Entwicklung der Wissenschaften als eine Abfolge von ruhigeren Phasen, die durch ein bestimmtes normatives Paradigma geprägt sind, und revolutionären Umbrüchen, die durch einen radikalen Paradigmenwechsel gekennzeichnet sind."[12]
Ein Paradigma funktioniert nach Kuhn,

---

[12] https://anthrowiki.at/Thomas_S._Kuhn

„... indem es dem Wissenschaftler sagt, welche Entitäten es in der Natur gibt und welche nicht, und wie sie sich verhalten. Durch diese Informationen entsteht eine Landkarte, deren Einzelheiten durch reife wissenschaftliche Forschung aufgehellt werden. Und da die Natur viel zu komplex und vielfältig ist, um auf gut Glück erforscht zu werden, ist diese Landkarte genauso wichtig für die kontinuierliche Weiterentwicklung der Wissenschaft wie Beobachtung und Experiment."
– Thomas S. Kuhn: Die Struktur wissenschaftlicher Revolutionen, S. 121[13]

Kuhn wandte sich damit auch gegen die von Karl Popper eingeführte Falsifizierbarkeit als absolutem Kriterium für die Wissenschaftlichkeit einer Theorie, da deren Gültigkeit immer nur in Relation zu einem bestimmten vorausgesetzten Paradigma gegeben sei.

---

[13] Thomas S. Kuhn: Die Struktur wissenschaftlicher Revolutionen, Suhrkamp Vlg., Frankfurt a.M. 1996, S. 121

Eine weitere – dialektische – Kritik erfuhr der vorherrschende Kritische Rationalismus noch von Jürgen Habermas, als dem heute wirkungsmächtigsten Vertreter der „Kritischen Theorie".[14]

Habermas führte in die Debatte den Gegensatz von System(logiken) und Lebenswelt ein. Die Lebenswelt ist dabei am ehesten zu übersetzen mit dem, was wir heute unter „Kultur" verstehen.

Wer ist Jürgen Habermas?

„Jürgen Habermas (* 18. Juni 1929 in Düsseldorf) ist einer der weltweit meistrezipierten Philosophen und Soziologen der Gegenwart. In der philosophischen Fachwelt wurde er bekannt durch Arbeiten zur Sozialphilosophie mit diskurs-, handlungs- und rationalitätstheoretischen Beiträgen,

---

[14] Vgl. Jürgen Habermas: Analytische Wissenschaftstheorie und Dialektik. Ein Nachtrag zur Kontroverse zwischen Popper und Adorno: In: Ernst Topitsch (Hrsg): Logik der Sozialwissenschaften, Vlg. Kiepenheuer & Witsch, Köln 1972, S. 291 – 310.

mit denen er die Kritische Theorie auf einer neuen Basis weiterführte. Für Habermas bilden kommunikative Interaktionen, in denen rationale Geltungsgründe erhoben und anerkannt werden, die Grundlage für die Handlungskoordinierung vergesellschafteter Individuen, deren Handlungsräume durch den Dualismus von System und Lebenswelt bestimmt werden."[15]

Obwohl er sich selbst als "religiös unmusikalisch" bezeichnete, vertritt Habermas in der Gentechnikdebatte eine Position, die sich explizit auf die religiös notwendige Bewahrung der Schöpfung beruft.

"Dass der Menschen-Gott, der die Liebe ist, in Adam und Eva freie Wesen schafft, die ihm gleichen, muss man nicht glauben, um zu verstehen, was mit Ebenbildlichkeit gemeint ist. Liebe kann es ohne Erkenntnis in einem anderen, Freiheit ohne gegenseitige Anerkennung nicht geben.

---

[15] https://anthrowiki.at/J%C3%BCrgen_Habermas

Dieses Gegenüber in Menschgestalt muss einerseits frei sein, um die Zuwendung Gottes erwidern zu können. Trotz seiner Ebenbildlichkeit wird freilich auch dieser Andere als Geschöpf Gottes vorgestellt. Hinsichtlich seiner Herkunft kann er Gott nicht ebenbürtig sein. Diese Geschöpflichkeit des Ebenbildes drückt eine Intuition aus, die in unserem Zusammenhang auch dem religiös Unmusikalischen etwas sagen kann. Hegel hatte ein Gespür für den Unterschied zwischen göttlicher 'Schöpfung' und dem bloßen 'Hervorgehen' aus Gott. Gott bleibt nur solange ein "Gott freier Menschen", wie wir die absolute Differenz zwischen Schöpfer und Geschöpf nicht einebenen. Nur so lange bedeutet nämlich die göttliche Formgebung keine Determinierung, die der Selbstbestimmung des Menschen in den Arm fällt."[16]

---

[16] Jürgen Habermas "Dank", In: Friedenspreis des Deutschen Buchhandels 2001 Jürgen Habermas, Vlg. der Buchhändler-Vereinigung, Frankfurt a.M. 2001, S. 54.

Wenn durch staatliche Vorgaben, z.B. bestimmte Forschungsprogramme übermäßig mit Geld ausgestattet werden, andere dagegen vernachlässigt werden, kann es zu Pathologien der dreigliederigen Gesellschaftsstruktur kommen, indem etwa die „Freiheit von Forschung und Lehre" (Art. 5, Abs. 3 des Grundgesetzes) dadurch beeinflusst wird, dass es etwa für medizinische Genforschung unverhältnismässig viel staatliche und private Forschungsgelder gibt, für komplementärmedizinische Verfahren (also Homöopathie, Anthroposophische Medizin, Phytotherapie) praktisch keine. Hier sind Werturteile – also Entscheidungen - aus dem Rechtsbereich gefordert, um diese Schieflage zu begradigen. Selbst, wenn das bei Staatsgeldern noch gelingen mag, stellt sich spätestens bei der Auftragsforschung der Industrie (sogenannte Drittmittelforschung), die Frage, inwieweit nicht ganze Hochschulen davon abhängig werden müssen, solange es keine echte freie Selbstverwaltung des Geisteslebens (also Wissenschaft, Bildung, Kultur) auch hinsichtlich der Mittelverwendung gibt. Es müsste also letztlich eine Art Verbot der Drittmittelfinanzierung geben, um hier Ungleichgewichte und Pathologien gar nicht erst einreißen zu lassen.

So mag zwar innerhalb des Geisteslebens eine freie (anarchische) Wahl der Forschungsgebiete prinzipiell existieren, doch sobald Externe durch Drittmittel Einfluß suchen, müßte ihnen das untersagt werden, denn „Erkenntnis und Interesse" im Sinne von Habermas[17] lassen sich nun einmal nicht sauber trennen.

Das erkenntnisleitende Interesse kann sogar dazu führen Studienergebnisse zu manipulieren oder im schlimmsten Falle gar zu fälschen oder aber unerwünschte Ergebnisse geheimzuhalten, also der Öffentlichkeit gegenüber zu unterdrücken.

---

[17] Vgl. Jürgen Habermas: Erkenntnis und Interesse, Suhrkamp Vlg., Frankfurt a.M. 1973.

Inwieweit „Ethikkommissionen" hier
Abhilfe schaffen können, mag
dahingestellt sein, gegen drängende
Drittmittelimplementierungen dürften
solche Kommissionen wohl eher machtlos
sein.

Inwieweit sich aber platter Materialismus
und Darwinismus bei der Forschung
ausschalten lassen, das ist eine ganz andere
Frage. Das Weltbild der Naturwissenschaft
basiert nun einmal immer noch auf den
Überzeugungen Newtons und Darwins,
auch wenn gegenteilige Sichtweisen
aufgrund der Ergebnisse der
Quantenphysik das bisherige Weltbild
deutlich in Frage stellen.[18]

„Eine Weltanschauung zu finden (…) ist
eine persönliche Angelegenheit, die von
jedem einzelnen ausgefochten werden
muß. Sie kann nicht durch >>objektive<<
Argumente festgelegt werden. Aber nur
eine Weltsicht kann ein Individuum dazu

---

[18] Vgl. z.B. Hans-Peter Dürr: Geist, Kosmos und Physik. Gedanken
über die Einheit des Lebens, Crotona Vlg., Amerang 2013, S. 28ff.

befähigen, wissenschaftlichen Resultaten einen Sinn zu verleihen, die tiefliegenden (religiösen, philosophischen, wissenschaftlichen) Glaubensüberzeugungen zuwiderlaufen." [19]

Eine solche Weltanschauung ist die Anthroposophie.
„Die Wahrheit-negierende zeitgenössische Wissenschaftstheorie erachtet (allerdings) eine paradigmenfreie und essentiale Wissenschaft für unmöglich."[20]

Das mag daran liegen, dass metaphysische Letztbegründungen, heute aus dem tatsächlichen Setting der Wissenschaften regelmässig ausgegrenzt werden.

Hier wird eine Furcht vor dem Geist sichtbar, wie ihn lt. Rudolf Steiner vor

---

[19] Paul K. Feyerabend: Die Vernichtung der Vielfalt. Ein Bericht, Passagen Vlg., Wien 2005, S. 187.
[20] Helmut Kiene: Grundlinien einer essentialen Wissenschaftstheorie. Die Erkenntnistheorie Rudolf Steiners im Spannungsfeld moderner Wissenschaftstheorien, Urachhaus Vlg., Stuttgart 1984, S. 207.

allem die westliche wissenschaftliche Denkschule ausgeprägt hat.

Doch tatsächliche Freiheit der Forschung ist etwas anderes.

Dies ist zugleich die Antwort darauf, weshalb ein Freies Geistesleben notwendig ist, anders als Roland Kipke es suggeriert.[21]

Im Jahre 1898 befreundete sich der Anarchist John Henry Mackay näher mit Rudolf Steiner. Diese Freundschaft war so eng, als dass Mackay Trauzeuge der Hochzeit R. Steiners mit Anna Eunike wurde. Nun war es so, dass Rudolf Steiner auch dessen Auffassung eines „individualistischen Anarchismus" für vereinbar mit seinem ethischen Individualismus hielt. Tatsächlich war Mackay alles andere als ein politischer

---

[21] Vgl. Roland Kipke: Warum eigentlich freies Geistesleben? Eine Frage an die Idee der sozialen Dreigliederung. In: Anthroposophie. Vierteljahresschrift zur anthroposophischen Arbeit in Deutschland, Michaeli 2019, Nr. 289, S. 216 – 222.

Aufrührer. Er verstand seinen Anarchismus im Sinne Max Stirners, von dessen Buch „Der Einzige und sein Eigentum" Rudolf Steiner auch zeitweise recht begeistert war.[22]

„Der <<individualistische Anarchist>> will, dass kein Mensch durch irgend etwas gehindert werde, die Fähigkeiten und Kräfte zur Entfaltung bringen zu können, die in ihm liegen (…) Der gegenwärtige Staat (…) hasst das Individuum".[23]

Obwohl sich die Wege trennten, darf man mit Gewissheit davon ausgehen, dass Rudolf Steiner mit der Nicht-Methodologie des wissenschaftlichen Anarchismus eines Paul Feyerabend konform gegangen wäre. Denn „Anything goes", das bedeutet auch Freiheit und Luft

---

[22] Vgl. auch David Marc Hoffmann: Rudolf Steiners Hadesfahrt und Damaskuserlebnis. In: Rahel Uhlenhoff (Hrsg): Anthroposophie in Geschichte und Gegenwart, Berliner Wissenschafts-Verlag, Berlin 2011, S. 89 – 123 (hier: S. 105f)
[23] Rudolf Steiner, zitiert nach: Kleines Dreigliederungs-Lexikon, Institut für soziale Dreigliederung, Berlin 2019, S. 8

zum Atmen, wie sie etwa die Komplementärmedizin derzeit dringend benötigt.[24]

„Die Sicherheit, die man gewonnen hat in der Experimentalwissenschaft, und das, was man sich da angeeignet hat an Erkenntnis materieller Zusammenhänge - es zeigt sich allmählich, daß das nicht genügt. Die materiellen Zusammenhänge, insofern sie verfolgt werden können in das organische, selbst in das seelische Leben hinein, diese Zusammenhänge lassen sich nicht begreifen mit dem, was man aus der bisher üblichen Experimentalwissenschaft gewinnen kann. Und mehr noch: Man bekommt allmählich das Gefühl, daß es unmöglich ist, mit dem, was man an Begriffen und Ideen, an Zusammenfassungen der Erscheinungen als Naturgesetze gewinnt, heranzukommen an das, was sich zum Beispiel schon im

---

[24] Vgl. Michael Heinen-Anders: Retten wir die Besonderen Therapierichtungen (Homöopathie, Anthroposophische Medizin, Phytotherapie)!, BoD, Norderstedt 2019

lebendigen Organismus kundgibt - noch weniger an den beseelten Organismus."[25]

Erkennt man die „übersinnliche Geistesforschung" als ein neues, revolutionäres und zukünftiges Paradigma der Wissenschaft an, so „ist die Geistesforschung Rudolf Steiners eine vollwertige Wissenschaft und der Naturwissenschaft ebenbürtig."[26]

Literatur

• Johann August Schülein/Simon Reitze: Wissenschaftstheorie für Einsteiger, Facultas Vlg., Wien 2016

---

[25] Rudolf Steiner: Die Aufgabe der Anthroposophie gegenüber Wissenschaft und Leben, GA 77a, Dornach b. Basel 1997, S. 131 - 132

[26] Marek B. Majorek: Rudolf Steiners Geisteswissenschaft. Mythisches Denken oder Wissenschaft, Band 2, Verlage narr francke attempto, Tübingen 2015, S. 1470

- Martin Kornmeier: Wissenschaftstheorie und wissenschaftliches Arbeiten. Eine Einführung für Wirtschaftswissenschaftler, Physica-Verlag, Heidelberg 2007

- Herbert Keuth: Die Philosophie Karl Poppers, Mohr Siebeck Vlg., Tübingen 2000

- Paul Feyerabend: Wider den Methodenzwang, Suhrkamp Vlg., Frankfurt a.M. 1999

- Paul Feyerabend: Erkenntnis für freie Menschen, Suhrkamp Vlg., Frankfurt a.M. 1979

• Paul K. Feyerabend: Die Vernichtung der Vielfalt. Ein Bericht, Passagen Vlg., Wien 2005

• Paul Feyerabend: Wissenschaft als Kunst, Suhrkamp Vlg., Frankfurt a.M. 1984

• Paul Feyerabend: Naturphilosophie, Suhrkamp Vlg., Frankfurt a.M. 2009

• Thomas S. Kuhn: Die Struktur wissenschaftlicher Revolutionen, Suhrkamp Vlg., Frankfurt a.M. 1996

• Jürgen Habermas: Erkenntnis und Interesse, Suhrkamp Vlg., Frankfurt a.M. 1973

• Jürgen Habermas: Analytische Wissenschaftstheorie und Dialektik. Ein Nachtrag zur Kontroverse zwischen Popper und Adorno: In: Ernst Topitsch (Hrsg): Logik der Sozialwissenschaften,

Vlg. Kiepenheuer & Witsch, Köln 1972, S. 291 – 310

• Jürgen Habermas "Dank", In: Friedenspreis des Deutschen Buchhandels 2001 Jürgen Habermas, Vlg. der Buchhändler-Vereinigung, Frankfurt a.M. 2001

• Hans-Peter Dürr: Geist, Kosmos und Physik. Gedanken über die Einheit des Lebens, Crotona Vlg., Amerang 2013

• Helmut Kiene: Grundlinien einer essentialen Wissenschaftstheorie. Die Erkenntnistheorie Rudolf Steiners im Spannungsfeld moderner Wissenschaftstheorien, Urachhaus Vlg., Stuttgart 1984

• Helmut Kiene: Komplementärmedizin - Schulmedizin. Der Wissenschaftsstreit am Ende des 20. Jahrhunderts, Schattauer Vlg., Stuttgart/New York 1994

- Roland Kipke: Warum eigentlich freies Geistesleben? Eine Frage an die Idee der sozialen Dreigliederung. In: Anthroposophie. Vierteljahresschrift zur anthroposophischen Arbeit in Deutschland, Michaeli 2019, Nr. 289, S. 216 – 222

- David Marc Hoffmann: Rudolf Steiners Hadesfahrt und Damaskuserlebnis. In: Rahel Uhlenhoff (Hrsg): Anthroposophie in Geschichte und Gegenwart, Berliner Wissenschafts-Verlag, Berlin 2011, S. 89 – 123

- Stefan Leber: Selbstverwirklichung, Mündigkeit, Sozialität. Eine Einführung in die Idee der Dreigliederung des sozialen Organismus, S. Fischer TB Vlg., Frankfurt a.M. 1982

- Jens Heisterkamp: Wissenschaft! Welche Wissenschaft?! In: Zeitschrift INFO 3 (Schwerpunkt: Homöopathie wirkt!), Dezember 2019, S. 40 - 43

• Renate Riemeck: 1789 – Heroischer Aufbruch und Herrschaft des Schreckens, Urachhaus Vlg., Stuttgart 1988

• Michael Heinen-Anders: Retten wir die Besonderen Therapierichtungen (Homöopathie, Anthroposophische Medizin, Phytotherapie)!, BoD, Norderstedt 2019

• Rudolf Steiner: Staatspolitik und Menschheitspolitik, Rudolf Steiner Verlag, Dornach 1988

• Rudolf Steiner, zitiert nach: Kleines Dreigliederungs-Lexikon, Institut für soziale Dreigliederung, Berlin 2019, S. 8

• Rudolf Steiner: Die Kernpunkte der sozialen Frage, Edition Rudolf Steiner, Dornach 1996

• Rudolf Steiner: Nationalökonomischer Kurs, GA 340, Dornach b. Basel 1979

• Rudolf Steiner: Die Aufgabe der Anthroposophie gegenüber Wissenschaft und Leben, GA 77a, Dornach b. Basel 1997

• Friedrich Hiebel: Goethe. Die Erhöhung des Menschen, Fischer TB, Frankfurt a. M. 1982

• Johann Wolfgang von Goethe: Schriften zur Naturwissenschaft, Reclam, Stuttgart 1977

• Marek B. Majorek: Rudolf Steiners Geisteswissenschaft. Mythisches Denken oder Wissenschaft, Band 1 + 2, Verlage narr francke attempto, Tübingen 2015

Autobiographische Notiz:

Michael Heinen-Anders wurde am 25.02.1960 in Köln geboren. Er studierte an der Bergischen Universität Wuppertal Wirtschafts- und Sozialwissenschaften.
1989 schloss er das Studium als Diplom-Ökonom ab.
Michael Heinen-Anders trat 1994 der Anthroposophischen Gesellschaft, Zweig Köln, bei. Seit 2012 ist er gleichfalls Mitglied der Freien Hochschule für Geisteswissenschaft.
Er veröffentlichte zahlreiche literarische, essayistische und wissenschaftliche Schriften, darunter „Aus anthroposophischen Zusammenhängen", BoD, Norderstedt 2010 und „Aus anthroposophischen Zusammenhängen Band II", BoD, Norderstedt 2018.
Michael Heinen-Anders lebt in Köln, ist geschieden und hat zwei erwachsene Töchter.